Reinhold Gross

Zwei Hände voll Sand

Gedichte

2014

Herstellung und Verlag:
BoD – Books on Demand, Norderstedt
Umschlagmotiv: Claudia Gross

ISBN 978-3-7347-3184-6

Zwei Hände voll Sand

Die Zeit kam
und nahm
zwei Hände voll Sand
am Ufer des Meeres
und ließ ihn
rieseln durch die Finger
in den Landwind der
ihn geschwind trug
weit aufs Meer hinaus.
Flüsterte Worte ihrer Sprache
und die Menschen wurden alt
und die Alten starben
und sie fürchteten sie
die Zeit.
Sie reicht die Hand und
zeigt schöne, weiße Kiesel
die sie geformt
mehr als zehn Menschenleben lang.
Doch sie schauen bange
auf ihre steinernen Mäler
und alles was gegangen
und fürchten sie, die Zeit.

Vogelträume

Die Vögel würde ich gerne fragen
warum die bleibenden
keine Häuser sich bauen
sondern Nester
und die reisenden
warum sie nicht keine Heimat haben
sondern zwei.

Ein neuer Tag

Als die Dämmerung zu früh kam
und die Nacht keinen Mantel bot
für die Sorgen des Tages
die geschäftig noch und unerledigt
rumorten im Haus
kam überraschend
über Nacht
ein neuer Tag.

Des Krieges letzter Sieg

Der Krieg
scheint zu trauern
um seine Toten.
Doch der letzte Feind
kümmert sich nicht
um jene die gegangen sind.
Lässt die Lebenden trauern
um sich selbst.
Pflanze eine Blume
nur eine einzige
auf dem Grab deines Bruders
und gönne nicht
dem Krieg
diesen letzten Sieg.

Grau, Grün und Blau

Warum
bauen
die Menschen Grau
die Erde Grün
und der Himmel Blau?

Die Hälfte von Zwei

Die Zeit ist gelandet
wie ein Vogel
auf meiner Hand
und
Zeit ist gewachsen
wie eine Pflanze
rankt um unsere Sinne.
Ohne Dein Sehen
fehlt dem meinen
eine Dimension.
Und mein Fühlen
möchte ich in Worte kleiden
um es mit Dir zu teilen.
Seltsam wie plötzlich,
die Hälfte von Zwei
nicht Eins ist,
sondern Einhalb.

Tagträumer

Es wird nie Nacht
bei mir.
Ich bin ein
Tagträumer.

Die Furcht

Die Furcht kommt selten
den Hügel herab
mit wehendem Mantel.
Sie wohnt als Mütterchen
in unserer besten Stube.
Sie schiebt uns den Sessel
ans Feuer
und reicht uns heißen Tee.
Sie zieht die Vorhänge vor
und schließt das Draußen ein.
Und heute
heute gehen wir nicht mehr hinaus.
Morgen.

Sturm im Gesicht

Die Sommersonne
war gut zu mir.
Sie hat meine Haut gebräunt.
Die Sommersonne
war gut zu mir.
Sie hat mich wohl genährt.
Doch die kalten Winde
des Nordens, sehne ich herbei.
Wecken alte Geister in mir.
Hier bin ich
hier stehe ich.
Mein Name ist:
Sturm im Gesicht.

Warum nicht?

Mauern
und Zäune
sind die Antwort
auf unsere Frage:
Warum?
Und darüber, unendlich
wölbt sich der Himmel
und fragt:
Warum nicht?

So gut kann Leben sein

Schleier
von Wolken und Nebel
lagen auf der Welt
am Morgen.
Licht
ein Strahl
fand mich
und plötzlich
riss der Himmel auf.
Wie ausgegossen floss
es herab
und füllte alles aus.
Der Tag geht zu Ende
und derselbe Strahl
füllt noch einmal mein Glas
wie goldener Wein.
Ehrfürchtig
nippe ich daran.
So gut
kann Leben sein.

Die Geister der Farben tanzen

Licht ist Magie
in seinem Wesen.
Millionen von Farben
verborgen in Weiß.
Der einfache Kristall
weiß diese zu wecken.
Die Geister der Farben
tanzen
wenn er singt.

Im Kreise fehlt ein Stück

Dieses Jahr plötzlich
waren die Bäume kahl.
Erst gestern noch im Grün.
Ohne hinzufliegen
waren auf einmal
die Vögel im Süden.
Im Kreise
fehlt ein Stück -
bisher.

Südliche Dörfer

Südliche Dörfer
fernab von allem.
Aus rohem Stein
gemauert stehn die Häuser
verputzt mit wilden Rosen
und mit Wein.
Und jeder Weg führt
Baguette unter dem Arm
pfeifend vorbei
am alten Friedhof
zehn Generationen lang.
Südliche Dörfer
das Leben ist so groß
dass es sich nicht fürchtet.
Und pfeifend geht es weiter
weil Platz für alle ist.

Gewebt im Gewebe

Wir sind gewebt
im Gewebe der Erde.
Stein und Gebein untrennbar
von diesem Boden.
Wir stehen und wachsen
und leben
auf diesem Boden.
Und unsere Träume
nähren sich
von demselben Boden.
Allein unsern Geist fürchten wir
ob seiner Freiheit
und Fremdartigkeit.
Und all' unser Leben
weben wir
weben ihn ein
in das was wir sind.
Doch Freiheit
Freiheit ist sein Lied.

Der Segen, der bleibt

Nicht der
Frühling, den wir besingen.
Voller Morgen, tagelang.
Nicht der
Sommer, der uns höher trägt.
Zeit scheint nicht zu verrinnen.
Es ist der
Herbst, dem ein heimliches Sehnen gilt.
Als wären wir Früchte
in diesem warmgoldenen Glanz.
Die Zeit verneigt sich
und nimmt uns mit.
Das ist der Segen
der bleibt.

Unser Haus

Auf den höchsten Baum
in diesem Wald
sind wir gestiegen
ein Haus zu bauen.
Wir haben gesägt und geplant
und geträumt.
Alles zu gleichen Teilen.
Doch aus dem Haus
wurde ein Schiff
und wie durch ein Wunder,
begann es zu schweben.
Ein Tau hält es fest
doch der Boden trägt.
Und darüber, blau
ist nur noch der Himmel.

Boot ohne Ruder

Still ist das Wasser
es wartet ein Boot
ohne Ruder
Abend für Abend.
Dunkel ist die Nacht
noch dunkler das Meer.
Kennt das Boot einen Weg?
Ein Tor ohne hier
ein Tor ohne dort.
Wasser ohne Weite
und ohne Zeit.
Das Boot, ohne Grund
gleitet hinaus und
kommt wieder
zurück wo wir schlafen
ohne Furcht.

Alte Häuser

Welche Schönheit ist
in den alten Häusern?
Stehen um den Marktplatz
und dürfen nicht sterben.
Ausgebeint, gestützt
Skelett aus Stahl.
Danach froh geschminkt
dass sie lächeln
für uns.
Wir bewahren aus Furcht
vor unserem Fortschritt
und bewahren aus Liebe
zu unsrer Sentimentalität.
Die Zeiger der Uhr
können wir nicht halten
in alle Ewigkeit.
Wann wohl
dürfen sie gehen?

Als Kind

Als Kind stand ich oft
am offenen Fenster
unter dem Dach
sah die Vögel fliegen.
Streckte die Hand aus
dass einer lande
wünschte es so sehr.
Heute plötzlich
fürchte ich
dass der Vogel landen wollte
seit Jahren.
Allein meine Hand
war nicht mehr da.

Haute Saône

Wer sollte sich nicht verlieren
in diesen Weiten.
Bäume wachsen hoch in den Himmel
und reichen weit hinaus.
Als wollten sie ausfüllen
die verschwenderische Leere
der Felder.
Und hoch türmen sich auch die Wolken
und reihen sich weit bis zum Horizont
und darüber hinaus.
Ziehen den Blick an und nehmen ihn mit
und führen ihn weit weg.
Verwandt ist die Seele und möchte fliegen
und möchte bleiben
und möchte Saltos schlagen
und dann wieder Wurzeln treiben.
Wer wollte sich nicht verlieren
in diesen Weiten.

Er saß da

Er saß da.
Viele Jahre lang.
Wusste nicht, worauf er wartete.
Wusste nicht, was er hoffte.
Wusste nur, wer er war.
Als plötzlich an einem Abend
ein Wind aufkam, voller Kraft.
Angefüllt mit der Süße der Blumen,
mit Freiheit, mit Weiten ohne Grenzen.
Noch voll der Wärme des Sommertags
wehte er den Hügel herauf
und blies ihm heftig in das Gefieder.
Federn?
Er erschrak und blickte auf seine Hände.
Breitete seine Arme aus und fast
schienen sie ihn zu tragen.
Erinnerungen wuchsen mächtig von weit her
und Fragen bestürmten ihn.
Bis der Wind, wie er gekommen
ganz plötzlich wieder ging.
Er schüttelte sich und verwirrt
und fast ein bisschen traurig
setzte er sich zurecht.

Räume ohne Maß

Hallen an Hallen
fügen sich irgendwo.
Räume ohne Maß.
Durch uns
können wir sie begehen.
In uns
liegt die Tür.
Wir können sie füllen
mit Licht oder
mit großen Klängen
wie ein Meer.
Wir können auch
die Tür verriegeln
und leben doch.
Und fühlen und denken
und können sogar glücklich sein.
Doch nur begrenzt
alles nur begrenzt.

Jahrmarkt der bunten Lichter

Deine Sternenträume
hast Du eingetauscht
auf dem Jahrmarkt
der bunten Lichter.
Hast Du eine Trauer verspürt?
Dein großes Sehnen
gabst Du und bekamst
rosa Zuckerwatte
süß und nichts.
Hast Du darüber geweint?
Und die Zukunft gabst du her
zusammen mit fünf Groschen
für die zahnlose Weisheit
der Wahrsagerin.
Hast Du es denn bereut?
Der Mond klagt nicht
weil Du keine Träume hast.
Und auch nicht
weil die Hoffnung Dir fehlt.
Er klagt
weil Du keine Träne
mehr weinst.

Kümmere Dich nicht

Hinter endlos grünen Weiden,
über golden gelben Blumen,
geht die Sonne auf und
kümmert sich nicht.
Und aus tiefen, alten Zeiten
kommt der Wind mit neuer Frische
und er
kümmert sich nicht.
Und die Kühe auf den Feldern,
und die Vögel steigen hoch
und sie
kümmern sich nicht.
Mitten darin verloren
und nicht so wichtig
bist Du und
kümmerst Dich nicht
mehr.

Trost der Ameise

Eine Rast am Wege
oben auf dem Hügel
die Bäume licht und weiß und grün.
Die gelben Gräser wogen wie Wellen
träumen, sie wären ein Meer.
Und der sanfte Wind
trägt ein Abendläuten
heran und tut fast weh.
Fremd bist Du
in dieser Szenerie.
Nur eine Rast am Wege.
Doch eine Ameise klettert
einfach über Deinen Fuß
gerade als gehörtest Du hierher.

Drei Vögel in der Hand

Ich lebe, das heißt:
was Gestern war, gilt Heute nicht mehr
und Vorgestern ist nur Erinnerung.
Und Erinnerung ist ein gutes Gefühl
das mich aber keinen Winter wärmt.
Ich lebe, das heißt:
ich habe keine Garantie auf den morgigen Tag
nicht einmal einen Anspruch darauf.
Meine Erwartungen gleichen einer Geraden
die ich fortziehe in die Unendlichkeit.
Ich lebe, das heißt:
das einzige was ich sicher weiß
ist der momentane Schritt, das Fließen der Bewegung.
Wenn ich stehen bleibe, führt die Zeit mich fort.
Verlässlich ist nur der Moment.
Ich lebe, das heißt:
drei Vögel halte ich in meiner Hand
und wäge ab, welchen ich fliegen lasse.

Seltsame Welt

Wir leben in einer seltsamen Welt.
Morgen liegt Asche auf Stadt und Land.
Heute liegt Brot auf unserem Tisch
und gestern das Gold in den Straßen.

Die Wölfe jagen

Winter
die Wölfe jagen im Rudel
draußen
können nicht herein.
Und doch
dringen sie bis in meine Gedanken.
Dort
schreibe ich die Geschichte fort.
Könnte der Held sein
der schwertbegürtete
der drachenblutgetauchte.
Bin aber das Wild, die Beute.
Solange ich will.

Hege einen heimlichen Traum

Träume große Träume
und schöne.
Erhabene, wie die rotgoldenen
Bäume im Herbst hinaufreichen
in den blauen Himmel.
Träume die Du teilen
über die Du reden kannst.
Aber hege auch einen
mindestens einen
heimlichen Traum.
Wie eine Pflanze im tiefen Wald
nur gestreift von einzelnen, tastenden
Sonnenstrahlen.
Nur gefiltert von tausend und tausend
Blättern der Bäume
dringen Tau und Regen herab.
Er verträgt nicht die Sonne
nicht das laute Wort.
Aber nach Jahren oder Morgen vielleicht
treiben seine Knospen Flügel
statt Blätter und Blüten.

Nicht ziellos

Nur die Straße hinunter
bis zur Ecke.
Dann nach rechts
bis zum Ende der Stadt.
Und wieder nach links
hinunter zum Meer.
Dort den Möwen zusehen
und den Fischern
dann wieder weiter.
Nicht ziellos
sondern voller Ziele.

Des Würfels wahres Sein

Ein neues Ding
liegt vor Dir.
Schön leuchtend bunt und
fühlt sich glatt an in den Händen.
Hat viele Seiten beim Betasten,
ist hart beim darauf Beißen
rollt lustig weg beim Werfen.
Ein Lachen über Dir
und ein freundliches Gesicht.
Liebe ist des Würfels
wahres Sein.

Kinder von glücklichen Ahnen

Wir alle
die wir hier sind
sind Nachkommen
von Vorfahren
in langer Reihe
bis zurück
zu den Anfängen der Zeit
als die reine Macht der Worte
sprach: „Es werde".
Niemand davon ist je
schon als Kind gestorben
an Krankheit, Kriegen
oder Hungersnot.
Und niemand ist je
kinderlos geblieben.
Wir sollten uns freuen
und freundlich zueinander sein.
Wir sind alle Kinder
von glücklichen Ahnen.

Der Wind, der Weg und der Horizont

Es windet sich der Weg
den Hügel hinauf.
Fragt:
Wohin wohl der Wind
die Wolken weht?
Wo liegt wohl ein Horizont bevor
der Himmel zur Erde
herniedersteigt?
Es weiß niemand die Antwort
der ihn betritt.
Doch der Wind, der Weg
und der Horizont
sie gehen mit.

Das Leben sei ein Schiff

Das Leben sei ein Schiff
läuft jeden Tag aus und
dieselben Häfen an.
Wenig Raum auf diesem Schiff.
Nur Erinnerungen.
Sind weder Ruder noch Wind
nur der Schatz im Laderaum
oder das Logbuch des Kapitäns.
Und der Wind ist ein Übergang
kein Ding und kein Zustand.
Nur ein Ziehen von hier
nach einem unbekannten Ort.
Nur ein Ziehen vom Meer.

Das Brot von Gestern

Wenn Du die Wahl hast
wähle das Brot von Gestern.
Zahle gerne den zweifachen Preis.
Es will gekaut sein und
während du kaust, fühle
wie dein Puls sich verlangsamt.
Die Wolken ziehen nicht mehr
so schnell übers Haus.
Und süßer schmeckt es
wieweil die Zeit vergeht.
Wie wohl der Bauer das Korn gemäht?
Wie der Müller es gemahlen?
Das Brot von Gestern
ist freundlich und lädt Dich ein
bei Dir selbst
daheim zu sein.

Kaffee, schwarz und süß

Der Tag begann gut.
Du namst
ein zweites Stück Zucker
in den Kaffee.
Und während Du
langsam rührtest
starben draußen Menschen
nicht einmal weit weg.
Und mit Ihnen gingen
hundert Träume.
Und tausend Geschichten
wollten geschrieben werden
und vertrocknen wie Tinte
in der Feder.
Gab es irgendwo, irgendwann
einen Plan?
Oder alles nur sinnlos?
Der Tag schert sich nicht
und ändert auch nichts.
Trink den Kaffee
schwarz und süß
in kleinen Schlucken.

(Nach dem Amoklauf in Winnenden)

Die Wärme der Weihnacht

Behalte
die Wärme der Weihnacht
für die kalte Zeit
die Freude der Weihnacht
für die Einsamkeit
die Lichter der Weihnacht
für die Dunkelheit
das Geheimnis der Weihnacht
für die Ewigkeit.

Erinnerungen die wir in uns tragen

Die Erinnerungen die wir in uns tragen
sind leicht.
Wie ein leiser Glockenklang
ohne Gewicht mit seinen Wellen
große Räume füllen kann
und sich bricht erst an Ufern
von weit entfernten Welten.
Die anderen Erinnerungen
die nicht klingen
heften wir ab
und lagern sie
mit den Akten im Keller.

Wüstenwind

Wüstenwind du bist
der Herrscher, ich gestehe.
Bringst keine Kühle, fachst nur
die Glut zu größerer Hitze.
Die roten Felsen, die stolzen
widerstehen dir ungerührt.
Aber du hast Zeit.
Kommst Morgen wieder
die nächsten hundert Jahre
und hundertmal tausend Jahre.
Doch klein, zwischen den Steinen
höhnt dir
alleine durch ihr Sein
eine Blume.
Sooft du siegtest
am Morgen
kommt sie wieder
die nächsten hundert Jahre
und hundertmal tausend Jahre.
Bis du nicht mehr bist
Wüstenwind.

Wüstennacht

Die andere Wüste
in der Nacht.
Mild glühen die Felsen nach
von der Hitze des Tages.
Und die Sterne
wie ein mächtiges Feuerwerk
im Augenblick erstarrt.
Ein sanfter Wind
umstreicht uns
nimmt uns mit
in die Nacht.

Unten am Fluss

Unten am Fluss.
Der Tag ist früh und kühl.
Noch dämmern die Weiden
umschwebt vom letzten
Nebel der Nacht.
Ein einzelnes Blatt
fällt sacht
landet unhörbar im Fluss.
Nur ein einzelnes Blatt
und dennoch
sind uralte, mächtige Kräfte am Werk
drehen das Rad ein kleines Stück weiter.
Und die Bäume verstehen
und der Fluss nimmt
geduldig die Blätter auf
trägt sie ruhig mit sich fort.
Wie seit vielen tausend Jahren
und solange die Erde steht.

Alte Paare

Sie brauchen nicht viele Worte
sagt man von alten Paaren
verstehen sich blind
gewachsen mit den Jahren.
Die Welt ist ein Fluss
der mündet im Meer.
Wenn er weiterfließt
ohne Eifer, ohne Ufer
nicht mehr müssen
nicht mehr wollen
trägt er mit sich
Vollkommenheit.

Menschen erleben

Die faszinierendste Weise
Menschen zu erleben
ist ihnen zu begegnen.

Der Weg in die Zukunft

Wohin er führt?
Wir wissen es nicht.
Doch der Weg
in die Zukunft
beginnt hier
und jetzt.
Betrittst Du ihn nicht
geht er ohne Dich
mit der Zeit
und Du bleibst
zurück.

Ich kenne einen Ort

Ich kenne einen Ort
da fliegen bunte Drachen noch
im spätsommerlichen Blau.
Warme Winde tragen Lerchen hoch
strahlend, singend, füllen jeden Raum.
Bäume laden zum Verstecken ein.
Ich kenne einen Ort
wir errichten Zäune ringsherum.
Bleiben draußen, schauen wehmütig hinein.
Träumen, reden, laden gute Freunde ein.
Tauschen Mitleid gegen Mitleid ein.
Doch alles blieb wie es schon immer war.
Wir leben aber fort
und sind nicht da.

Der sehr alte Mann

Wie Pergament, dünn und zerbrechlich
als ob der nächste Windstoß ihn
hineintragen könnte in die Welt.
Ist doch die Schwere gewachsen
mit den Jahren
hält ihn fest
in eisernem Griff.
Durchs Fenster grüßt der Kirschbaum
in voller Blüte.
Wie immer und treibt grüne Blätter.
Dann geht der Frühling und der Sommer
und der Herbst kommt.
Und die Blätter fallen
und danach der Schnee.
Warum fällt alles?
Warum siegt immer das Schwere?
Im unruhigen Schlaf zieht ein Lächeln
durch seine Träume.
Dort steht der Kirschbaum
doch trägt er bunte Luftballons
und Seifenblasen
die steigen und endlich
nie wieder fallen.

Scherenschnitt

Wie feinstes Gewebe
die Äste des Baums.
Weites Land dehnt sich aus
füllt weitleeren Raum.
Ein Mann lehnt am Stamm
träumt weit sich hinaus.
Die Arbeit getan
Glocken läuten nach Haus.
Der Segen des Abends
und des Tages Mühn.
Warme Luft milden Winds
in Schwarz-Weiß zu erblühn.

Kinder spielen, wohlwissend

Kinder
spielen
wohlwissend
wo Realität endet
Phantasie beginnt.
Spielend
bleibt immer die Tür
einen Spalt offen
falls sie dennoch
im Unrecht sind.

Im Winter nicht frieren

Die Tiere unterhielten sich
sprachen von den schönen Zeiten.
Von der Wärme der Sommersonnenstrahlen
und von der Süße der herbstreifen Früchte.
„Das schönste ist" sagte auf einmal die Maus
„im Winter nicht zu frieren".
Da schwiegen alle Tiere still.

Wird einmal alles gesagt sein?

Wird irgendwann einmal
alles gesagt sein?
Werden wir denkend schon
wissen was wir gemeint?
Doch zum eintausendundersten Mal
sage, schreibe und denke ich:
Ich liebe Dich!
Nicht Dir verpflichtet,
weil Du es magst.
Nicht mir verpflichtet,
weil ich es sollte.
Sondern überrascht,
immer neu überrascht,
dass es wahr ist.
Und weil Wahrheit nie endet
wird nie alles gesagt sein.

Die Flügel der Gedanken

In den Worten entfalten
Gedanken die Flügel
und bringen Farbe
in die Welt.
Und das Wort
das am Anfang war
wird auch das Wort sein
das am Ende noch ist.
Worte werden nicht vergehen.

Die Zeit

Wir tun ihr Unrecht
der Zeit.
Wenn wir sie einengen
und zwängen
in einen immer präziseren Takt.
Sie wird nicht mit marschieren
zu unseren Trommeln
und nicht einstimmen
in unser Lied.
Sie ist wie das Reißen im Fluss
und das Mahlen im Strom.
Aber auch wie sein Gleiten
wie sein In-sich-ruhn.
Wie der Spiegel im See
sieht die fernen Berge
und die Feinheit der Schwingen
der Vögel, die darüber ziehn.
Wir machen sie unerbittlich
sie aber ist gnädig.
Verwischt unser Fehlen
im Vorübergehn.
Wir tun ihr Unrecht
der Zeit.

Dankbar sind die Träume

Ich ziehe durch das Jahr
vorbei die Sonnenwende.
Gebeugt mein kleines Leben
unter der schweren Last der Träume.
Werden sie klagen
dass ich nicht folgte?
Nicht mich treiben ließ
von günstigen Winden?
Doch dankbar sind die Träume.
Machen zu Weihnacht mir Geschenke
dass ich sie trug und sie
den weiten Weg nicht gehen mussten.

Wie sollen wir lieben ohne zu besitzen?

Das Sonnenlicht
habe ich verloren.
Es war in meiner Tasche.
Nun will die Nacht nicht
weichen dem
Tagesschein.
Doch siehe da ist Wind
in den Bäumen
und die Vögel
ziehen hin.
Besitze nicht, sei frei.
Wie aber sollen wir
lieben ohne zu besitzen?
Nun möchte ich trauern
und nicht getröstet werden
bis morgen
oder übermorgen
vielleicht.

Was alles fehlte, ohne Dich

Vor Jahren noch
hätte ich schreiben können
was alles fehlte ohne Dich.
Du hast die Farben gebracht
sangen die alten Lieder.
Und ich habe Dich
in meine Welt gemalt.
Blau malte ich Dich
an meinen Himmel
und Rot an das Dach
meines Hauses.
Dein Ocker nahm ich
für die Fruchtbarkeit der Erde
und Grün für alles
was wächst in meiner Welt.
Nun bin ich ratlos
und es fehlen mir die Worte
was alles fehlte
ohne Dich.

Erster Frühlingsabend

Am Abend an dem
die Amsel flicht
ihr Lied in den sinkenden Tag
grüßen Menschen
sich freundlich und sagen
es ist noch kühl.
„Noch", das ist das wohl zarteste Wort
für in Gewissheit überbordende Hoffnung.
In Frage bleibt nur die Zeit.
Das Schiff im Hafen - noch.
Und die Möwe spreizt die Flügel
in unseren Herzen.
An diesem Abend
wünschen Menschen
sich eine gute Nacht.
Und lauschen getrost
den Liedern der Amsel.
Noch ist es kühl.

Dem Regen geboren

Dem Regen geboren
wünschte ich
ich wäre Dir stattdessen nur
der letzte Strahl der Abendsonne
und fände Dein Gesicht.
Oder das Lächeln eines Sterns
oder ein warmer Wind vom Meer.
Dem Regen geboren
bin ich
Kind dieser Erde
und nicht jenen Himmels
und muss mich begnügen
Dir die Ähren zu bringen
vom Feld und die Früchte
von den Bäumen
und auszuschauen mit Dir
nach einem Gruß von weit.

Ich wünsche Dir den Wind

Ich wünsche Dir den Wind
ein Buch mit 100 Seiten.
Mal weht er Dir im Rücken
er trägt dich weit hinaus
und zaubert Dir ein Lächeln.
Dann breite Deine Flügel.
Und bläst er Dir von vorn
weckt er die alten Geister
des Lebens auf und macht
dass Deine Augen leuchten.
Dann eilt er Dir voraus
hinaus in alle Weiten.
Die Freiheit ist sein Lied
willst Du es mit ihm singen?
Ein warmer Hauch beizeiten
von Sommerblumenfeldern
dann steigen die Gedanken
im Aufwind himmelwärts.
Ich wünsche Dir den Wind
ein Buch mit 100 Seiten.

Abendspaziergang

Abendspaziergang und die
krächzenden Schreie der Krähen
sind gebannt im Nebel
durch die Hand des Vaters.
Und der Bär hinterm Spiegel
versteckt dort im Dunkel
birgt keine Gefahr mehr
durch die dicke Daunendecke.
Welche Verschwendung und
welch grober Unsinn
dass wir solch mächtige Zauber
zurücklassen und sie nicht haben
wenn wir sie
am dringendsten bräuchten.

Im Tal

Im Tal
die grauen, schweren Wolken
und die noch dunkleren
Äste der Tannen
lasten schwer auf dem Tag.
Ein alter Mann geht allein
gebeugt, der Blick auf den Schuhen
Regenschirm überm Arm.
Langsam weicht der Weg
und die Zeit.
Schuhspitze um Schuhspitze.
Auf dem Hügel
eine Mutter mit dem Kind
strahlen als ob sie
den fehlenden Glanz
des Septembertages in sich trügen.
Staunend betastet das Kind
die glatte Haut der ersten Kastanie
seines Lebens.
Vielleicht erschließt sich Leben
nie im Detail
sondern immer nur
durch eine Vielfalt der Betrachtungen.

Der Freude biete ich meine Hand

Der Freude biete ich meine Hand
und dem Glück.
Dass sie wie Vögel herabschweben
und sich niederlassen.
Leicht, ganz leicht und
beinah' engelsgleich
breiten Schwingen sich in mir
und tragen weit hinaus oder
tragen nach Haus.

Wenn Erinnerungen überwiegen

Wenn Erinnerungen überwiegen
ist es Zeit aufzusteigen
und wieder zu fliegen.

Alles

Alles.
Merkwürdig, dass man
mit einem Wort:
Alles
sagen kann.

Rabenhaft

Rabenhaft
lasse kalten Novemberwind
zausen in deinen Federn.
Rabenhaft
krächze rauhen Ruf
hinaus in rauhe Welt.
Und rabenhaft
krächze Lachen insgeheim
über den tobenden Sturm.
Droht ihm doch von fern schon
ein Frühling.
Und Rabe, du
wirst immer noch sein.

Januar ohne Schnee

Januar ohne Schnee.
Das neue Jahr
im Gegenlicht.
Geteerter Weg
glänzt, freie Fahrt -
von links nach rechts.
Geradeaus führt nur
die Ackerfurche.
Führt nur Hingabe
warten auf Wärme
und den Regen.

Viele Ziele

Viele Ziele lenken Schritte
kreuz und quer
über den großen Platz.
Wie der Igel dem Hasen
ist die Zeit
immer einen Schritt voraus.
Ein Kind mit
rotem Roller zieht singend
Kreise auf den Asphalt.
Und inne hält die Zeit.

Wozu wollte ich wissen

Wozu wollte ich wissen?
Wozu?
Wenn doch Staunen
mehr Wahrheit ist
als Wissen?

Ein Tropfen fällt

Ein Tropfen fällt
wie donnern.
Als trüge er
alle Macht
und alles Leben
in sich.
Als wären die
Jahrmillionen
seltsam in ihm vereint.
Wie lange noch?
Weiter fällt er
unbekümmert.
Nur wir sind
die zagenden „Noch's".
Er fällt ins Gras
ganz und versinkt.
An einem Halm
halt' ich micht fest
umgeben von
Unendlichkeit.

Der erste Gedanke

Folge immer
dem ersten Gedanken
zur Tat.
Wir bereuen selten
wenn wir handeln.
Aber meist
wenn wir es
nicht tun.

Faser um Faser

Faser um Faser
sind wir verwandt
mit der blauen Blume
auf dem Feld.
Faser um Faser
sind wir verwandt
mit Ihrem Welken
und Vergehn.
Aber nicht unser Blühen.
Es ist nur verwandt
mit des Windes Weite
und der unendlichen Tiefe
der Sternennacht.
Altern müssen wir,
aber wir müssen nicht
verblühn.

Du schläfst

Du schläfst.
Eigentlich schon groß
und doch noch klein.
Wie Du jeden Abend
vertrauensvoll Dich legst
in die Hand guter Mächte.
Ich bin ein Werkzeug
decke Dich zu und
schließe das Fenster.
Und droben ein zweites
Orion, der große Jäger
wacht die kühle Herbstnacht lang
und die nächsten zehntausend Nächte.
Wir grüßen uns zu
und ich lege mich beruhigt
in dieselben Hände
wie Du.

Die Nacht

Die Nacht,
die fürchterliche,
raubt unseren Flügeln
die Krücke.
Der Blinde jedoch
fürchtet sie nicht.

Herbstmorgen

Kein „es werde Licht"
und Trommelwirbel.
Kein atemberaubendes
Lichtfeuerwerk.
Das Jahr wird alt
im Herbst und
leiser werden die Tage.
Wie heimlich
kommt der Morgen.
Mit feinsten Fäden
flicht er sich
kaum merklich
in Schwaden von Nebel.
Als wäre er nie gekommen
ist es doch Tag.
Leise kommt im Herbst
das Gute zu uns -
Wir hören.

Zuflucht

Wir hatten gelernt, damals.
Zuflucht.
Schöne Landschaft
außer es regnet
die ganze Nacht
und der Gaskocher
brüht keinen Kaffee.
Wir hatten gelernt
damals.
Zuflucht ist ein Wort
von außerhalb
dieser hängenden Wolken
und dieser feuchten Erde.

Ein Lächeln

Und wenn
unsere Währung ein Lächeln wäre.
Das wir anlegten
für Zins und Zinseszins.
Oder hingäben
um schöne Dinge zu kaufen,
die wir dann wieder
verkauften für ein
weiteres Lächeln?
Das wir heimlich sammelten
in den Straßen
und leichtfertig
wieder verloren?
Wenn unsere Währung
ein Lächeln wäre.

Alle Wege sind gut

Alle Wege sind gut
die nach Hause führen
sagte der Zugvogel
im Vorüberfliegen.

Spätwinter Abend

Spätwinter Abend.
Kalt weht der Wind
ein paar Flocken Schnee
heran.
Die Straßen leer.
Das Licht der Laternen
fällt kaum zum Boden
herab.
Letzte Station.
Ein Zug fährt ab
und in die Nacht
hinaus.
Dahinter im Wirbel
der Flocken, der sich
wieder senkt auf den
Geleisen
bildet sich - nur kurz
einer jener seltenen
Momente vollkommener
Einsamkeit.

Der Morgen kommt

Der Morgen kommt
und bringt den Frühling
mit
und mit ihm auch
ein warmer Hauch.
Warm auf der Haut,
außen
und innen noch
viel mehr.
Die Wärme riecht
nach feuchter Erde
nach knospen und blühen
nach Neubeginn
und Wagemut.
Was uns wirklich
die Augen öffnet
ist selten das
was wir sehen.

Die Alleen

Goldglänzend die Kronen
im Abendlicht.
Ernst, wie eine Ahnengalerie
stehen sie sich gegenüber:
Das stolze Geschlecht
der mächtigen Buchen.
„Gefährlich
sind die Alleen",
sagen wir und nehmen
den Fuß vom Gas.
Weil mahnend die
Blumen und Kreuze
der Unglücklichen
uns berühren.
Gefährlich, die Alleen.
Wir sind den Bäumen
so wichtig,
wie uns die Mücken
auf unserer
Windschutzscheibe
und lässig betätigen wir
den Wischer.

Federgleich

Um uns herum
schwebt es, webt es
lebt es.
Jederzeit.
Die Hand streckt aus
der Atemhauch
trägt es.
Federgleich.

November

Kalter, nebliger November.
Wieviel hundertmal
wurdest du so besungen?
Allein ich traue nicht
deinem traurigen Gesicht.
Treibst den Wanderer
an seinen warmen Herd
und heimlich
in den steinernen Hallen
in den Bergen über
den Wäldern feierst
du rauschende Feste
jenseits der Einsamkeit.

Wintereinbruch

Die Tänze der Farben
sind verklungen.
Des Sommers Leichte
ein ferner Traum.
Alles ist schwer
die Wolken, die grauen.
Und alles fällt
die Früchte, die Blätter.
Doch am Morgen
der mit frostigem Rosa graut,
ist alle Welt
weiß von Kristallen.
Jeder Baum kunstvoll
im feinsten Kleid.
Wer erzählt vom Vergehen?
Das ist nicht der Tod.
Es ist wieder ein Tanz
auf einem anderen
Parkett.

Ein Lied, ein Gedicht

Aufsehend, als ob
hohe Nebel sich lichten.
Über meinen Gedanken
und über meiner Welt.
Ein großes Lied, ein Gedicht
zu Baum geworden.
Äste reichen weit hinaus
und Blätter grünen
welken, fallen.
Nicht gleichgültig
sondern gelassen.
Und klein ist alles um mich her.
Mächtig ist nur
ein Lied, ein Gedicht:
Ein Baum.

Die Regie öffnet den Vorhang

Die Regie öffnet
den Vorhang der Nacht.
Auftritt: Die Sonne.
Voraus wie ein Hauch
federleichte rosa Wölkchen.
Von ferne golden angestrahlt.
Und dazwischen ein Blau
so strahlend und eisig
wie von uralten Gletschern
und doch jung und neu.
Und dann, langsam und
majestätisch
vom Bühnenhintergrund
naht die Sonne!
Warum inszeniert sich die Natur?
Will sie Applaus, und wenn, von wem?

Teil der Szenerie

Still ist die Welt an diesem Morgen
Offen für jedes neue Geräusch.
Aus jedem Tal hört man
jeden Glockenschlag
und jeden Vogel
wie er sich zirpend reckt.
Hellgelb in kühlen, leichten
Nebeln verhangen, schaut mild
die Sonne in das frühe Jahr.
Die Forsythien blühen viel gelber,
übergolden und übernatürlich schön.
Abbild ureinster, tiefer Ideen.

Bin ich ein Teil
in dieser Szenerie?
Oder der Gast
in einer Galerie?
Genießt, schlendert weiter
wirft sehnende Blick zurück.
Wandert
und zieht
und schaut.

„LOVE"

In allen Dingen
und im Sand, am Strand
am Meer
hat ein Künstler gewirkt
gespürt mit den Händen
gesucht nach dem Sinn.
Und mit ruhiger Hand
geschrieben.
„LOVE" steht nun da
und die Wellen
können nicht wegwaschen
können nur verbergen
im Sand
im Wind
und im endlosen Meer.

Die schönsten Geschichten

Am Wegrand liegt
ein alter Ball.
Vielbenutzt, geliebt.
Unter Tränen oft gesucht.
Überglücklich, nach Tagen
wiedergefunden.
Lange her.
Die schönen Geschichten
denken wir uns aus.
Die schönsten aber
bleiben verborgen.

Die Welt ist ein Stoff

Die Welt ist ein Stoff
mit bunten Mustern.
In unsern Träumen
weben wir sie neu.
Wir weben sie weiß
oder schwarz oder blau.
Wir führen Muster
geändert fort.
Doch in unsern Träumen
ist ein sachtes Klingen.
Führt uns fort
von Faden und Garn.
In unsern Träumen
ist ein leises Singen.
Ein Fallen,
Schweben
und Verliern.

Zu zweit nie allein

Bestiegen ein Schiff
ohne Crew.
Und niemand lehrte
wie man es fuhr.
Schmeckten das Salz
in der Luft
und fingen den Fisch
mit der Hand.
Wir fürchteten Stürme
und Gefahr
bauten in die Nacht
ein Sternenhaus.
Zieh'n wir die Linie
in die Zukunft
suchen die Konstante
in diesen Reih'n.
Wir sind immer zu zweit
und zu zweit
nie allein.

Schönheit geben

Es sind wir
die Schönheit geben.
Schönheit suchen
in den Dingen.
Schönheit finden
durch alle Dinge
und über sie hinaus.

Schon webt der Schlaf

Schon webt der Schlaf
mich ein in feine Fäden.
Der Tag verglimmt
und wird Erinnerung.
Da, unerwartet und
doch tausendgründig,
geht noch ein Lächeln
über mein Gesicht.
Des Tages Strom
an bunten Bildern
schwebt flügelleicht
hinüber in die Nacht.

Wie Wächter

Wie Wächter stehen
die schwarzen Felsen.
Ein Bollwerk gegen die Zeit
und die Wellen
wie ein Kreislauf gefroren
in Unendlichkeit
laufen an und laufen an
und laufen an.
Auf den Klippen das Gras
in seiner eigenen Ewigkeit
im Kommen und Gehen
sieht gleichgültig zu
und wiegt sich
im Augenblick
im winzigen Moment
der doch
all' diese Tiefen
in sich trägt.

Mein letztes Gedicht?

Mein letztes Gedicht?
Ich werd's nicht schreiben.
Es soll nichts fehlen
und auch nichts bleiben.
Nur Sonne und Wind,
das himmlische Kind.